AF295132

Ingelle

Niko Ruppert

Kaikki mitä unohdin sanoa

© 2021 Ruppert, Niko
Kustantaja: BoD – Books on Demand, Helsinki, Suomi
Valmistaja: BoD – Books on Demand, Norderstedt, Saksa
ISBN: 9789528036913

I

juuri ennen, kun viimeisen kerran hänen kädestä kiinni pitäen
kävin hänen silmissä, olin jo varautunut siihen menetykseen,
joka viimeisellä vuoteella kummittelisi

ja vaikkei maailmankaikkeuden aika ehtinyt saattaa meitä
käden pituutta lähemmäksi, oli hän lähempänä kuin yksikään
vieressä sureva sielu

II

huomasin,
kun avasit viestini ja hymähdit
ja ennen, kun laitoit puhelimen pois,
vastasit minun hymylläni
jollekin toiselle

III

valvoisin,
jos löytäisin
syyn
odottaa
meitä

IV

tuletko vai tulenko?

vai tukehdutatko
ja kerrot heille, kuinka halusin meistä
jotain kokonaista

V

no nimenomaan *vieläkin*
rakastan
niitä loukkauksia
niitä iskuja

ja koska et voinut antaa
enempää
en voinut vaatia yhtään sen
vähempää

VI

me ei ehkä enää nähdä
joten kaikki mitä unohdin sanoa
jää minulle

VII

en ehkä ehdikään välittää sinusta
ennen kuin lähdet

ehkä huomenna,
jos olet matkan varrella

VIII

ja
kuinka kohotat kulmakarvojasi, kun kiusaat
kuinka pidät käsiäsi kahvipöydässä
kuinka katsot ikkunasta uppoutuneena ajatuksiisi
kuinka kerrot elämäsi tarinan yhdessä katseessa
kuinka sanot huomenta
kuinka et sano mitään ja silti tiedän mitä haluaisit sanoa
kuinka en vain löydä sinulle sanoja,
koska sanat eivät vuosisatoihin pystyisi tekemään sinulle
oikeutta
koska ne eivät rinnallasi tarkoittaisi mitään

kaikesta huolimatta
et koskaan saanut sitä kuulla
ja kaikesta huolimatta
et koskaan saa sitä kuulla

IX

- AAA-paristoja
- biopusseja
- ruokaöljyä
- hammaslankaa
- itsesi

X

pidätän hengitystä aina, kun puhun
sinulle,

koska en ole koskaan varma
kummilla silmillä minua katsot
koska en ole koskaan varma
kummilla korvilla minut kuulet

XI

olisit voinut edes sanoa,
että lähdet

vaikka tiesin lähdöstäsi niin kauan
ja tiesin kaikki syysi
ja että maailmasi ei ollut enää sinun

olisit voinut edes mainita,
että lähdet

XII

siinä istut
painosi ei saa sohvaa painumaan
niin, että se minua liikuttaisi

siinä olet
katseesi ei saa maailmaa takaisin
jonka minulta otit pois

XIII

ja ymmärsin täysin mitä sanoit,
mutta silti
tuntuu
että avaruuden nurkat
tai merien pohjat
eivät kätke syytä
meidän kummankaan murtua
toiselle

XIV

kiitos, että olit kanssani
sen ajan jonka pystyit
sen ajan kun paloit
sen ajan kun ikuistuit

koska välillä
ne hetket
on kaikki, mitä minulla on

XV

muistatko meitä
missä oletkaan
että edes jossain
ollaan vielä yhdessä

XVI

murtaudu uniini
ja tuhoa kaikki mitä näet
lue kaikki syntini ääneen
ja jätä minut aamulla yksin

koska tärkeintä on
että kävit täällä

XVII

saatan unohtaa sinut
viikonlopun ajaksi
eikä se ole aina minusta
kiinni
mutta
jos saan jotain toivoa niin
ota minut vastaan
maanantaina
kuin jätin sinut perjantaina

XVIII

katsoin sinua
yllätyit, ilahduit
mutta

en jäänyt, koska kielemme eivät kohdanneet
vaikka vuosia olemme niillä puhuneet
enkä palannut
koska en halunnut palata tyhjään huoneeseen

*

kuinka tyhjäksi sen huoneen sait
lähdit, vaikka en palannut

ja palasin,
vaikka sinut vuosia olin jo hylännyt

XIX

jätit hiljaisen hangen kevätaamuna kuistilleni
ja kävelin siinä monta tuntia toivoen,
että kun palaan
niin jälkeni olisivat vielä siinä

mutta yön halla oli vienyt sinut kauas
jonnekin
johon minä en pääse

XX

jos luulit, että
Andromeda tai Haapajärvi olisi
minulle
yhtään sen kauempana

luulit myös varmaan,
että aaltofunktiomme romahtaisi
vain, koska lähdit

XXI

en haluaisi olla niin takertuva
tai katkera
tai kärsimätön
tai niin tunkeileva sinua kohtaan,
mutta jostain syystä

kun osasit kysyä juuri ne tietyt kysymykset
ja katsoa minua juuri oikealla tavalla
ja jättää minut heitteille juuri oikeaan aikaan

sinusta tuli niin nopeesti niin tärkeä
ja se hävettää
minua enemmän kuin se, että ollaan tunnettu
vasta minuutti

XXII

vaikka en huomenna muistaisi enää nimeäsi
tai tuntisi kättäsi lämpöä
vaikka en hetken päästä muistaisi edes
kasvojasi

olet silti kaikki
ja aina

vaikken puhuisikaan kieltäisi

XXIII

ai oletkin oikeutettu
käymään läpi kaikki alusvaatteeni
ja kaikki pyykkini
kun olin poissa,
jotta joku sateinen päivä
voisit jättää ne ovelleni
verisinä

XXIV

tiedän, olet kiireinen
tiedän, etten ole ehkä sinulle
kaikkein tärkein — siis nyt

mutta voitko silti jättää oven raolleen
ennen kun lähdet
jotta näkisin sinua

sekunnin
kauemmin

XXV

ennen kuin
katseesi infestoi viimeisetkin uurteeni
ja sytyttää minut kuin joulukuusen
haluisin vaan sanoa
ettei tarkoitukseni ollut
särkyä

XXVI

harmi sinänsä,
että vaikka suljin visusti silmäni
ja laskin
kuuteen
en pimeämpää nurkkaa löytänyt
mihin olisin voinut sinut piilottaa

XXVII

joudun sittenkin tappamaan sinut,
jotta en palaisi niin kirkkaana
tai löytäisi itseäni jälleen
kuokka kädessä
helmikuisena aamuna
muistellen, mitä lauloit minulle
syyskuussa

XXVIII

vaikka olen hiiltä
ja vettä

olen myös tulta
ja tulitikkuja

XXIX

ei se minua niinkään liikuta, että huoraan
sinulle niitä ajatuksia,
jotka olisin ehkä säästänyt myöhemmälle
tai toiselle

ehkä se vaan sattuu,
ettet kirjoita niitä koskaan ylös

XXX

toivoin sinulta unettomuutta, kylmiä aamuja
niitä paperihaavoja, jotka huomaisin vasta kun olisin
päässyt kotiin

anoin sinulta nuolia, keihäänkärkiä
niitä lauseita, joita pyörittelisin kuukausia
joita kirjoittaisin seinäni täyteen

rukoilin sinulta epätoivoa, kadotusta
sitä taakkaa mitä syvimmätkään meret eivät
hartioilleni pystyisi asettamaan

sen sijaan annat minulle tulisijan, villasukat
aamupalan vuoteeseen

ja silti ihmettelet, miksi hirttäydyin suihkuletkuusi

XXXI

riippumatta mitä tunnemme
olemme korkeintaan katseemme kesto

emme sanojemme paino
emme käsiemme etäisyys

ja minusta se on just hyvä niin,
koska joskus se meidän pieni ikuisuus riittää
sellaisenaan

XXXII

03:30
pitäisi mennä nukkumaan
mutta en saa
unta
koska tähän aikaan
hakisin sinua baarista

XXXIII

vaikka rakastankin silmiäsi
haluisin kaivaa ne kallostasi
pois lusikalla,
jotta viimeinkin
siinä ihanassa pimeydessä
voisin olla sinulle mitä haluat

XXXIV

en olisi halunnut mitään muuta,
kuin käydä välillä sun kanssa kaupassa
tai ehkä testata sitä kahvilaa, jonka ohi aina ajetaan,
kun olet muuttamassa pois

XXXV

väitit siis meidän menneen rikki
ja siis sitä vitun varmasti olemme
mutta
mistä lähtien tuulet ovat sinua häirinneet?
mistä lähtien *emme ole* huonojen ideoiden
ja pitkittyneiden valheiden summa?

milloin joku vitun rakkaus on pitänyt ketään
yhdessä paremmin
kuin nippusiteet?

XXXVI

tiedän, että laitat viestiä vain silloin,
kun teillä menee huonosti

joten älä siis loukkaannu,
jos yritän koko olemassaolollani
kuristaa teidän nappisilmäistä parisuhdelastanne

pois täältä

XXXVII

sadannen viidennenkymmenennen
ensimmäisen katuvalon jälkeen
käännyin takaisin
palauttamaan niitä kenkiä,
jotka oli alun perinkin liian pienet

mutta olit jo mennyt nukkumaan
ja koska minulla ei (tietenkään) ollut kärsivällisyyttä
poltin ne

ehkä olisi pitänyt ottaa ne ensin jaloistani pois

XXXVIII

atomos, jakamaton,
kuten mekin olimme
tuhansia vuosia

ja sitten joku päätti,
että lauseemme ei tarkoitakaan
oikeasti mitään,
eikä lupauksemme enää kanna kotiin

nyt kellumme mielemme afasiassa
toisistamme ikuisesti erilleen

ellet siis laita snäppii

XXXIX

älä anna kevään tulla
sen valon paljastaa, ketä olemme
sen lämmön
antaa toivoa paremmasta

älä anna veden virrata
niiden pyörteiden viedä meidät
jonnekin kauas
jonnekin, missä ajatuksemme ei teekään
järkeä

älä anna lintujen laulaa
ainakaan niitä säveliä, niitä sointuja,
jotka yön sylissä pitävät meidät valveilla
jotka aamun sarastaessa ovat vielä siinä

älä anna lasten juosta
niiden pienten jalkojen vipeltää
ohitse elinaikansa
ohitse koivikoiden
ohitse heidän,
jotka vasta opettelevat kävelemään

älä anna kevään tulla

XL

jos tietäisit olemassaolostasi
niin kuin minä tiedän
olemassaolostasi
että jossain
hengität, tunnet
ehkä hymyilet
riittäisi se
valvottamaan sinuakin vuosia

nut, kun satunnaiset lumihiutaleet kelluivat ääneti ohitseni siinä
keltaisessa kuistin valossa kääriessäni tupakkaa. Vakuutin itselleni,
että vereni alkoholi lämmittäisi minua edes vähän, mutta siinä
kuistilla, jotkut epämääräiset crocsit jalassa, olisin yhtä hyvin voinut
olla Siperiassa.

Tunteja kaiuttimen vieressä istumisesta en tinnituksen takia
oikeastaan kuullut, kun tulit ulos.

-Hei sori onks sul tulta?

Pienessä laskussa havahduin ja käännyin ympäri. Ja siinä seisoit.
Sinä. Elämäni suurin rakkaus, suurin haaveni, syvin tyhjiöni. Etkä
ollut muuttunut päivääkään. Samat kiiluvat silmät kuin yläasteen
päättäreissä. Sama katse kuin silloin, kun muutit pois sinä samana
päättäripäivänä, ja aika-avaruus nielaisi sinut.
Halusin sillä sekunnilla kertoa, kuinka paljon olin liioittelematta
kahdentoista vuoden ajan sinua miettinyt. Kuinka olisin voinut
välittömästi kosia sinua siinä terassilla, jos olisin kankeudesta
päässyt polviasentoon. Kuinka pohjattomasti olin maailmalle velkaa
siitä, että edes hetkeksi sain nähdä sinut uudestaan.

-No ei saatana.

No *aijaa* ''ei saatana''. Jotain pientä rasahti kyllä päässäni, kun
sinulla kesti noinkin kauan tajuta, että se olin minä. Kuinka sinulla
olisi voinut kestää edes Planckin sekuntiakaan huomata, että
nuoruutesi seisoi edessäsi? Tai no niin. Ehkä oikeutan sen sinulle.

-Siis miten *sä* oot täällä?
-No en vaan oo ehtinyt kuolla.

Maailmankaikkeuden pahuuden poistava naurahduksesi. Siinä
samassa avasit jälleen yhden uuden tyhjän tilan minuun, jonka vain
sinä voisit ikinä täyttää. En edes siinä huomiosi syleilyssä huoman-

XLII

jos totuus sinua kiinnostaa
niin rakastin sinua vasta, kun lähdit
vasta, kun olit poissa silmistä
poissa mielestä
enkä oikeastaan sekuntiakaan
aikaisemmin

ja vaikken rakastanut sinua
sinun vuosikymmeninä
lupaan rakastaa sinua
kaikki seuraavat

XLIII

saatoin ehkä nussia sinua,
kun nukuit
koska halusit,
että tulen
uniisi

XLIV

veit samalla
purut ladatusta kahvinkeittimestä
suihkusta lämpimän veden
auringonnousut

veit kaikki puhtaat sukkani
eteisestä hehkulamput
kuun sirpin

mutta
veit myös pölyt makuuhuoneesta
haavat kaulastani
naapureita häiritsevän melun aamuyöstä

haluan ne kaikki takaisin

myös ne pölyt
koska ne ovat minun pölyt

XLV

in vino veritas
tai jotain sellasta
en koskaan oikeastaan oppinut ruotsia

mutta ainakin opin,
että jos lähes päivittäin kehun silmiäsi
tai keitän ennen työpäivääsi sinulle kahvia
tai muistan nimipäiväsi joka vuosi
tai tuon sinulle kukkia kotiin

ammut minua päähän

XLVI

vielä eilen ruokapöydässä
suudeltiin silmillämme
yhdyttiin sanoillamme
varmaan tunteja
siinä meidän hiljaisuudessa

tänään
söimme

XLVII

ja ennen kaikkea
uskalla puhua

uskalla toivoa
uskalla murtua

uskalla juosta
uskalla
myös olla välillä
paikoillaan

mutta ennen kaikkea
uskalla puhua

äläkä varo turhaan
sanojasi,
sillä olet sanasi
ja hiljennetty on
ikuisempi
kuin sorrettu

XLVIII

ja kaiken sen lumen alta
löysin vain jäätä

XLIX

et sinä ollut taakka
olin vain uupunut

mutta jos pääsisin takaisin,
kantaisin sinut
ainakin ikuisesti

mutta en pääse
takaisin
kuten et sinäkään
voi syttyä uudelleen

L

tähtien toiselta
puolelta
eteeni
ja edestäni
takaisin

LI

ei maailma ottanut sinua pois
vaan olit maailman, ennen
kuin olit minun
olit kesäsyntymäpäiviä
olit pulkkamäkeilyä
olit ensimmäinen koulupäivä
olit sydänsurua

olit uravalintoja
olit epävarmuutta
olit uusi ystävä
olit hyvä kuuntelija

olit
ennen kun olit hetkeksi
minun
ja monella tavalla
et ollut silloinkaan